ADRESSE

AU CONSEIL DES ANCIENS,

*Sur les Iinscriptions réquises pour être admis
à voter dans les Asssemblées Primaires.*

ADRESSE

AU CONSEIL DES ANCIENS,

*Sur les Inscriptions réquises pour être admis
à voter dans les assemblées primaires ;*

Présentée, le 27 pluviôse, et renvoyée à la Commission,
par arrêté du même jour.

Les citoyens Français amis du Gouvernement
Républicain , soussignés,

Aux citoyens Représentans du Peuple , membres du Conseil des Anciens.

CITOYENS REPRÉSENTANS,

Nous vous faisons part avec franchise , et dans. la
douleur , des inquiétudes qu'a produit le rapport du 21
de ce mois, contre la résolution du 22 nivôse dernier,
relative aux inscriptions prescrites pour être admis à voter
dans les assemblées primaires.

Le rejet de cette résolution écarterait des assemblées
primaires la plus grande partie des Français citoyens qui
furent presque tous repoussés en l'an cinq ; et les Français
non citoyens qui dirigèrent les élections au gré de Louis
XVIII, ainsi que vous l'avez assuré à toute la France,
par la loi de fructidor, auraient encore plus de facilité à
faire réussir, cette année, les vues du Prétendant.

Prévenez les maux que produirait ce nouveau succès
du royalisme et du fanatisme son adjoint. Il ne pourrait

A 2

y être remédié que par de violentes mesures qui occasionnent toujours des déchiremens.

La constitution que l'on réclame contre la résolution ne peut s'affermir que par la résolution même.

Le conseil des cinq cents ne vous propose pas, comme l'a cru votre Commission, *de créer une minorité dans laquelle serait concentré le droit de cité, et réduire la république à n'être plus qu'une secte*; la résolution tend, au contraire, à ouvrir les portes des assemblées primaires à tous ceux des Français qui ont droit de cité.

La seule question à examiner, est de savoir si le corps législatif doit rétablir les républicains dans l'exercice du droit de citoyen dans les assemblées primaires? Doit-il leur faciliter les moyens d'effectuer leur attachement à la république par le choix d'hommes connus pour les vrais amis du Peuple et du gouvernement républicain?

Les digressions inattendues, et les allégations vraiment singulières qui occupent la place de cette question dans le rapport, ont jetté, dans lesprit de la Commission des doutes qui étonnent beaucoup les bons citoyens, et qui les effraieraient encore d'avantage, s'ils ne se voyaient à temps de fixer de rechef vos yeux sur les pièges creusés par le royalisme de l'an cinq, et qu'il couvre aujourd'hui des ombres de l'erreur.

La faction royale et fanatique conduisit les républicains des assemblées primaires par trois prétextes prétendus fondés sur la constitution, qu'elle feignait d'embrasser afin de la détruire; défaut d'inscription civique; défaut de contributions directes; défaut d'insertion au registre de la garde nationale sédentaire.

Le Conseil des Cinq cents a justement craint que les mêmes manœuvres produisissent les mêmes effets dans les assemblées prochaines : c'est pour prévenir ce malheur qu'il a proposé les mesures sur lesquelles nous exprimons nos pensées.

Votre commission a considéré la résolution comme inconstitutionnelle ; nous croyons pouvoir établir le contraire.

De l'Inscription civique,

La constitution place l'inscription civique au nombre des conditions nécessaires pour être admis à voter ; mais est-ce d'une inscription nouvelle, et à faire par tout français, dont parle la constitution ?

Les articles VIII et XVI, où l'inscription civique est rappelée, se réfèrent, en termes exprès, aux *jeunes gens* ; ils se réfèrent aux Français devenus hommes faits par l'âge de 21 ans, et ayant acquis, à ce point de maturité, postérieurement à la constitution, la capacité physique et morale de voter dans les assemblées primaires.

Aussi votre commission reconnaît-elle que la constitution » n'en fait mention (de l'inscription) qu'insidemment ; » que nulle part elle ne prescrit rien de positif à cet » égard.... ; qu'elle n'a point fait dépendre de cette ins- » cription l'état politique des citoyens ».

Il se présente donc une question essentielle, dont la commission a dédaigné s'occuper.

Les Français âgés de 21 ans lors de l'acceptation de la constitution, les Français déjà reconnus citoyens lors de la promulgation de la constitution, étaient-ils obligés de s'inscrire dans le registre civique, pour conserver leurs droits de citoyen ?

Le Corps législatif ayant décidé le contraire, le 5 ventôse an 5, n'a fait que déclarer une vérité évidente.

« La constitution n'a privé de l'exercice de ces droits

» (de citoyen français) aucun de ceux qui réunissaient
» déjà toutes les conditions au moment où elle a été pro-
» mulguée. Ainsi le registre civique de chaque canton a
» dû se composer d'abord, *et de plein droit*, des noms
» de tous les citoyens inscrits sur les registres antérieurs
» au mois de brumaire an 4, *quand même depuis cette
» époque ils ne se seraient pas présentés pour se faire
» inscrire* ». (§. 11. chap. I. de la Loi du 5 ventôse an 5.)

La constitution n'autorise donc pas l'objection faite sur
le défaut d'inscription civique postérieure à la constitution,
à ceux des Français qui étaient en plein exercice des droits
de citoyen, lorsque la constitution fut promulguée. La
constitution ne s'oppose donc pas à ce que les citoyens
soient inscrits dans les registres civiques à ouvrir, même
dans un temps rapproché des assemblées primaires.

Le défaut d'inscription civique ne peut être opposé non
plus à ceux des Français qui ont acquis, pendant le ré-
gime constitutionnel, l'aptitude à l'exercice des droits de
citoyen.

La constitution n'a point réglé le mode de l'inscription
civique ; elle n'a établi aucune forme, aucune responsabi-
lité pour l'ouverture, la légalité, et la conservation du registre civique.

Nous vous observerons, et vous conviendrez qu'il ne
peut être rien prescrit, que les moyens d'obéissance ne
soient donnés ; et, remontant à ce que l'esprit contre-révo-
lutionnaire a opéré sur toute la surface du territoire français,
depuis l'acceptation de la constitution, nous assurons,
contre ce qui a été avancé par votre commission, nous sou-
tiendrons, sur des témoignages venus de tous les départemens, publiés à la tribune des Cinq cents, et répétés par
les journaux, qu'on a négligé d'ouvrir des registres civiques

dans la majeure partie des cantons, et que les registres ou-
verts dans d'autres cantons, ont été altérés ou supprimés.

La constitution, qui, de l'aveu de votre commission,
*n'a point fait dépendre de cette inscription l'état poli-
des citoyens*, ne s'oppose donc pas à ce que les Français
qui ont acquis, postérieurement à la constitution, l'aptitude nécessaire aux fonctions de citoyen, soient admis à
réparer l'omission qui n'a pas été volontaire de leur part,
et qui a été l'effet de l'ignorance, de l'inexactitude, ou de
la malveillance des administrateurs.

Eh ! de quels prétextes pourrait-on couvrir l'obstacle
qu'éprouveraient, suivant les vues de votre commission, les
citoyens qui furent forcés de fuir par milliers, en l'an 5,
des communes de Lyon, Marseille, Tarascon, Lons-le-
Saulnier, Toulon, Carpentras, Avignon, etc. et d'un très-
grand nombre de départemens, où les enfans de Jésus,
du Soleil, et les Fils légitimes promenaient la faulx de la
mort sur les républicains.

Votre commission prend pour une accusation des administrations municipales et de plusieurs autres autorités cons-
tituées de la république, l'assertion qu'il n'a pas été tenu
de registres civiques, ou que les républicains n'ont pas été
admis à s'y inscrire, ou que les registres, composés en
plusieurs cantons de feuilles volantes, ont été soustraits.

Elle ne s'est donc pas rappellée, votre commission, que
cette accusation a été jugée par vous en fructidor. N'avez-
vous pas reconnu et déclaré que le royalisme et le fanatisme avait dominé presque par-tout ? Et par quels autres
motifs auriez-vous annullé ce qui s'est fait dans les assemblées primaires, communales et électorales d'une très-grande
partie de la France ? Vous fallait-il moins de motifs pour
éloigner de votre sein des hommes que vous aviez cru
jusqu'alors vos collègues ?

Il semble que la commission veuille étayer son opinion de rejet, sur la loi du 5 ventôse an 5 ; en ce que cette loi *portait*, dit-on, *l'avertissement de ne plus compter sur une dispense extraordinaire.*

Mais, d'une part, même avec la faveur de cette loi, les citoyens n'auraient pas eu la possibilité de se conformer à la constitution, quant à l'inscription civique, un an avant les assemblées de l'an 6 ; puisque l'on ne pourrait trouver une année entière d'intervalle entre cette loi qui ne put être promulguée qu'en germinal an 5, et les assemblées qui commenceront le premier germinal an 6.

D'autre part, si le Corps législatif a pu, sans contrevenir à la constitution, permettre en l'an 5, et avant l'éclat des manœuvres royalistes, *cette dispense* dite *extraordinaire*, ne serait-il pas aujourd'hui de son devoir de renouveller cette dispense, ayant la conviction, ainsi qu'il l'a déclaré en fructidor, que le royalisme avait tout disposé dans les assemblées de l'an 5, que les agens de Louis XVIII étaient placés aux postes des agens de la nation, et que les administrations avaient agi jusqu'en fructidor en sens contraire aux intérêts de la république, et contre la sûreté des républicains ?

Votre commission reconnaît que *le choix de beaucoup de ceux qui avaient été nommés* (dans les élections de l'an 5) *était l'ouvrage du royalisme. Vous avez été témoins de son audace ; vous savez à quel remède il a fallu recourir pour en arrêter les ravages.* (Page 8 du rapport.)

Faut-il donc exposer la république à ces nouveaux *ravages* ? Et les succès de *l'audace* du royalisme, aidé des erremens de son organisation qui s'opéra en l'an 5, malgré la loi du 5 ventôse, ne sont-ils pas plus à craindre encore dans le cas où l'on négligerait les mesures qui avaient été prévus par cette loi, et que le grand intérêt de la patrie vous invite à renouveller?

De la Contribution directe.

Plusieurs des considérations que nous venons de faire sur l'inscription civique, s'appliquent naturellement à la soumission pour la contribution : nous n'ajouterons qu'une seule observation, qui suffirait sans doute pour faire revenir la commission de son erreur, indépendamment des motifs précédens.

La constitution, après avoir posé en l'article 8 la contribution directe, foncière ou personnelle, parmi les conditions réquises pour être reconnu citoyen français, déclare en l'article 304 que tout individu . . . . . qui n'a pas été compris au rôle des contributions directes, a le droit de se présenter à l'administration municipale de sa commune, et de s'y faire inscrire pour une contribution personnelle égale à la valeur locale de trois journées de travail agricole ; et il est dit en l'article 305, que l'inscription mentionnée en l'article précédent ne peut se faire que durant les mois de messidor de chaque année.

Ainsi, pour qu'il y ait lieu à la soumission permise par l'article 304 et à la déchéance prononcée par l'article 305, il faut que l'individu n'ait pas été compris dans les rôles des impositions directe, foncière ou personnelle de l'année, dans le cours de laquelle la soumission doit être faite.

Mais pour que les citoyens eussent pu savoir s'ils étaient compris ou non dans les rôles des impositions directes ou personnelles de l'an 5, pour au second cas faire leur soumission en messidor de l'an 5, il aurait fallu que les rôles de l'an 5 eussent été faits, vérifiés et publiés avant le mois de messidor de l'an 5.

Or, il est notoire que les rôles de l'an 5 n'étaient pas faits en messidor de l'an 5. Il est même peu de départemens où les rôles de l'an 5 aient été faits avant l'an 6.

Il est donc évident, quoique la commission ne l'ait pas apperçu, qu'il n'y a pas eu lieu en messidor de l'an 5 à la soumission dont il est parlé dans les articles 304 et 305 de la constitution. Comment en cet état de choses pourrait-on repousser les soumissions que les citoyens s'empresseront d'autant plus de faire, qu'elles auront pour objet de frapper sur les ennemis les plus perfides de la nation française.

De la Garde nationale sédentaire.

La commission n'a trouvé, ni dans la constitution, ni dans les loix postérieures, aucun motif de son opinion de rejet, relativement à ce troisième objet de résolution.

Cependant, la commission n'a pu se dissimuler que le rejet de la résolution écarterait des assemblées primaires, tout Français qui ne serait pas dénommé dans les rôles de la garde nationale sédentaire.

Rappelez-vous, citoyens représentans, des efforts simultanés et réitérés des journaux et pamphlétaires royalistes, à l'époque des élections de l'an cinq, pour persuader qu'il fallait écarter de la garde nationale les français qu'ils appelaient *prolétaires*, et n'y admettre que les gens fortunés.

Vous savez, vous avez reconnu, vous avez même publié, par forme de manifeste, que les royalistes avaient tout disposé pour la réussite de leurs projets.

Il est constant, indépendamment de cette notoriété établie par les loix de fructidor, que les nouvelles listes de la garde nationale sédentaire ont été composées, dans la majeure partie du territoire, par épuration répulsive de tous les citoyens qui aimaient la république, et qui ne jouissaient pas d'une fortune brillante.

On a ainsi éloigné ceux des citoyens qui exposèrent leur vie, pour la liberté de la nation, au 14 juillet, au 10 août, au 13 vendémiaire ; ceux aussi que le corps législatif, dont la moitié d'entre vous faisait partie, a déclaré avoir bien mérité de la patrie, lorsqu'ils versaient leur sang pour la défense de la république sous les murs de Lyon, dans les batailles de la Vendée, au siége de Toulon, et dans toutes les époques où il a fallu combattre corps à corps avec le royalisme ou l'aristocratie.

Votre commission vous a témoigné ses craintes sur l'accord universel des républicains qu'elle a gratifié de *cotterie* : prenez garde, Citoyens Réprésentans, que la vraie *cotterie*, la seule *cotterie* dangereuse ne se trouve dans les dénommés en la liste de la garde nationale sédentaire, formée conformément aux instructions du Prétendant ; prenez garde que cette cotterie de royalistes sans mélange de républicains, ne complette le corps législatif par l'envoi des agens royaux ; redoutez les maux qui s'ensuivraient ; ces maux incomparables à celui auquel vous avez voulu remédier en fructidor ; vous ne pouvez le prévenir qu'en ouvrant les portes des assemblées primaires, à tous les citoyens français, à ceux sur - tout qui sont les plus sincères amis du gouvernement républicain.

Paris, le 26 pluviôse an VI de la République une et indivisible.

Suivent cinq pages de signatures.

De l'Imprimerie de R. Vatar, rue de l'Université n°. 926.